colegio - escuela	2
viaje - viaje	5
transporte - transporte	8
ciudad - ciudad	10
paisaje - paisaje	14
restaurante - restaurante	17
supermercado - supermercado	20
bebidas - bebidas	22
comida - comida	23
granja - granja	27
casa - casa	31
living - sala	33
cocina - cocina	35
baño - cuarto de baño	38
cuarto de los chicos - habitación de los niños	42
ropa - ropa	44
oficina - oficina	49
economía - economía	51
ocupaciones - oficios	53
herramientas - herramientas	56
instrumentos musicales - instrumentos musicales	57
zoológico - zoo	59
deportes - deportes	62
actividades - actividades	63
familia - familia	67
cuerpo - cuerpo	68
hospital - hospital	72
emergencia - urgencia	76
Tierra - tierra	77
reloj - hora(s)	79
semana - semana	80
año - año	81
formas - formas	83
colores - colores	84
opuestos - opuestos	85
números - números	88
idiomas - idiomas	90
quién / qué / cómo - quién / qué / cómo	91
dónde - dónde	92

Impressum
Verlag: BABADADA GmbH, Nedderfeld 112 , 22529 Hamburg
Geschäftsführer / Verlagsleitung: Harald Hof
Druck: Books on Demand GmbH, In de Tarpen 42, 22848 Norderstedt

Imprint
Publisher: BABADADA GmbH, Nedderfeld 112 , 22529 Hamburg, Germany
Managing Director / Publishing direction: Harald Hof
Print: Books on Demand GmbH, In de Tarpen 42, 22848 Norderstedt

colegio
escuela

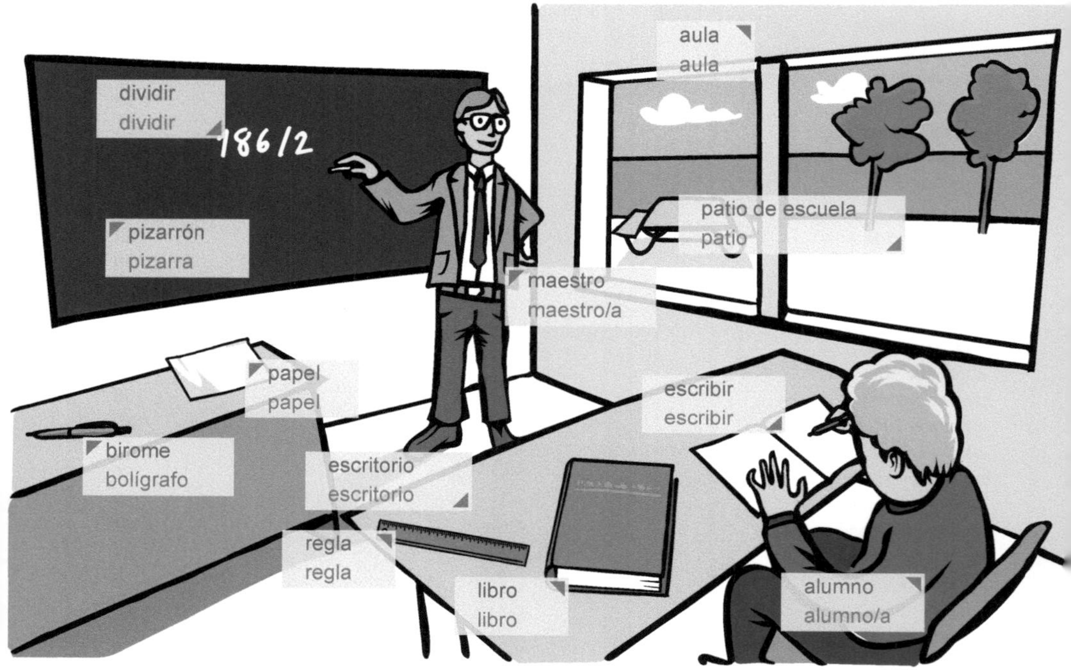

aula
aula
dividir
dividir
186/2
pizarrón
pizarra
patio de escuela
patio
maestro
maestro/a
papel
papel
escribir
escribir
birome
bolígrafo
escritorio
escritorio
regla
regla
libro
libro
alumno
alumno/a

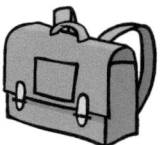

mochila
....
cartera

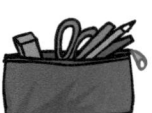

caja de lápices
....
caja de lápices

lápiz
....
lápiz

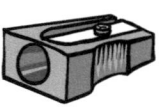

sacapuntas
....
sacapuntas

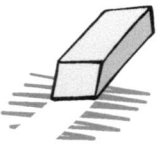

goma (de borrar)
....
goma de borrar

bloc de dibujo
....
cuaderno de dibujo

dibujo

dibujo

pincel

pincel

caja de pinturas

caja de pinturas

tijera

tijeras

pegamento

pegamento

cuaderno de ejercicios

cuaderno de ejercicios

tarea

deberes

número

número

2+2

sumar

sumar

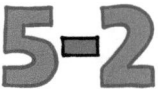

restar

restar

multiplicar

multiplicar

calcular

calcular

letra

letra

abecedario

alfabeto

palabra

palabra

texto

texto

leer

leer

tiza

tiza

lección

lección

cuaderno de clase

cuaderno de notas

examen

examen

certificado

certificado

uniforme escolar

uniforme escolar

educación

educación

enciclopedia

enciclopedia

universidad

universidad

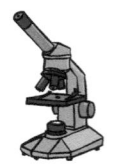

microscopio

microscopio

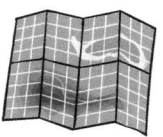

mapa

mapa

tacho (de basura)

papelera

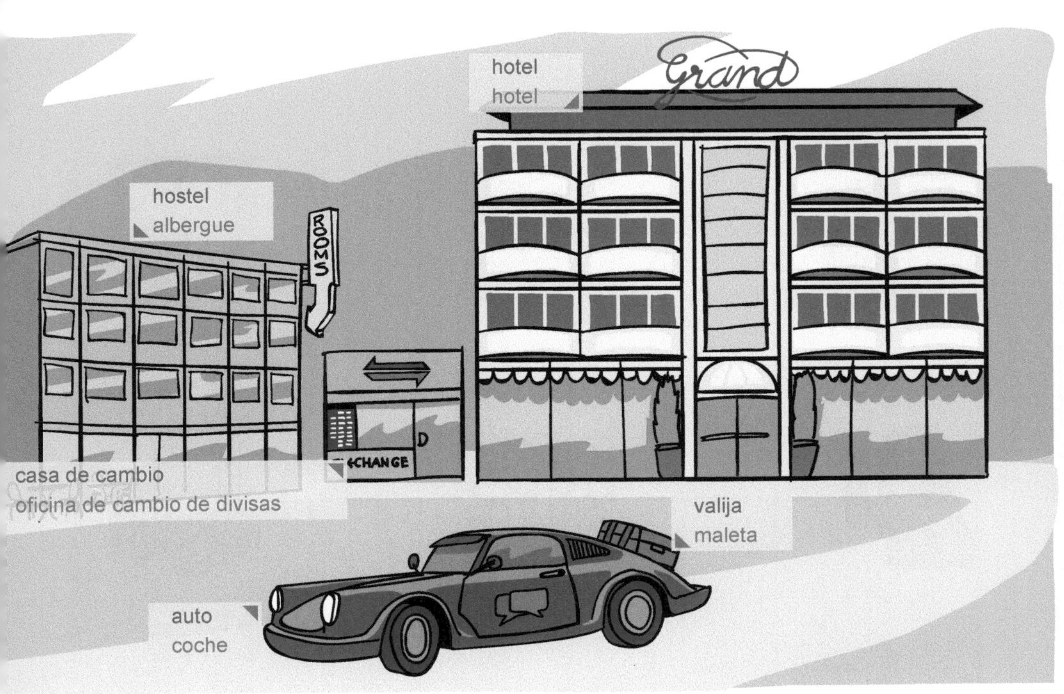

hotel
hotel
Grand
hostel
albergue
ROOMS
EXCHANGE
casa de cambio
oficina de cambio de divisas
valija
maleta
auto
coche

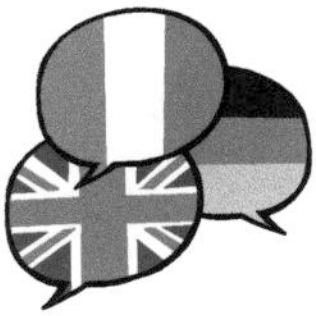

idioma

idioma

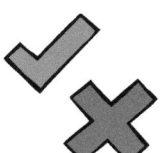

sí / no

sí / no

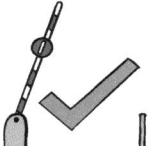

Está bien

Vale

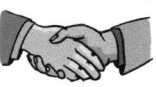

hola

hola

traductor

traductor

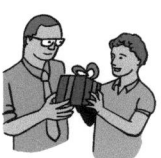

Gracias

Gracias

¿cuánto cuesta...?

¿cuánto es...?

No entiendo

No entiendo

problema

problema

¡Buenas tardes!

¡Buenas tardes!

¡Buenos días!

¡Buenos días!

¡Buenas noches!

¡Buenas noches!

adiós

adiós

dirección

dirección

equipaje

equipaje

bolso

bolsa

mochila

mochila

invitado

invitado

habitación

habitación

bolsa de dormir

saco de dormir

carpa

tienda de campaña

información turística

información turística

playa

playa

tarjeta de crédito

tarjeta de crédito

desayuno

desayuno

almuerzo

almuerzo

cena

cena

pasaje

billete

ascensor

ascensor

sello

sello

frontera

frontera

aduana

aduana

embajada

embajada

visa

visa

pasaporte

pasaporte

transporte

transporte

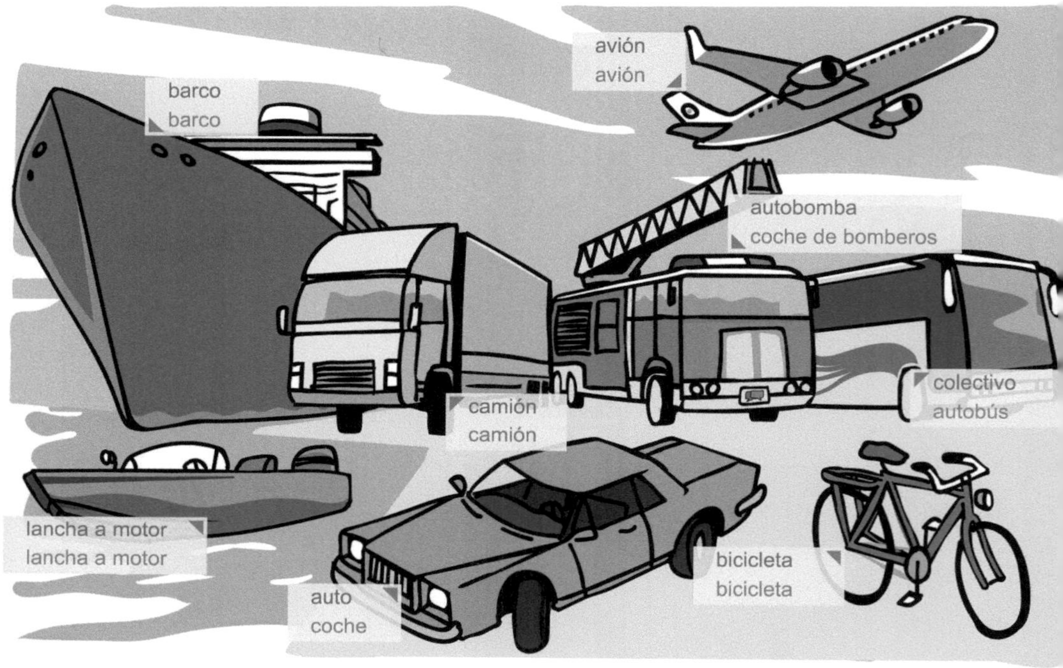

avión
avión
barco
barco
autobomba
coche de bomberos
colectivo
autobús
camión
camión
lancha a motor
lancha a motor
bicicleta
bicicleta
auto
coche

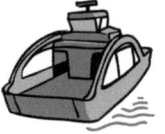

ferry

transbordador

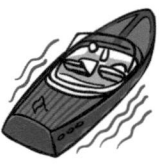

bote

barca

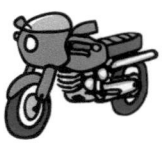

moto

moto

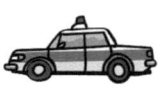

patrullero

coche de policía

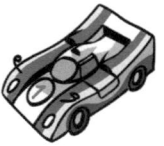

auto de carreras

coche de carreras

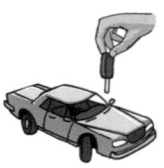

auto de alquiler

coche de alquiler

alquiler de autos

préstamo de vehículos

grúa

grúa

camión de basura

camión de la basura

motor

motor

nafta

gasolina

estación de servicio

gasolinera

señal de tránsito

señal de tráfico

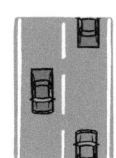

tránsito

tráfico

embotellamiento

atasco

estacionamiento

aparcamiento

estación de tren

estación de tren

vías

vías

tren

tren

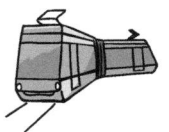

tranvía

tranvía

vagón

vagón

helicóptero

helicóptero

aeropuerto

aeropuerto

torre

torre

pasajero

pasajero

contenedor

contenedor

caja de cartón

caja de cartón

carretilla

carretilla

canasta

cesta

despegar / aterrizar

despegar / aterrizar

ciudad

ciudad

pueblo

pueblo

centro de ciudad

centro de ciudad

casa

casa

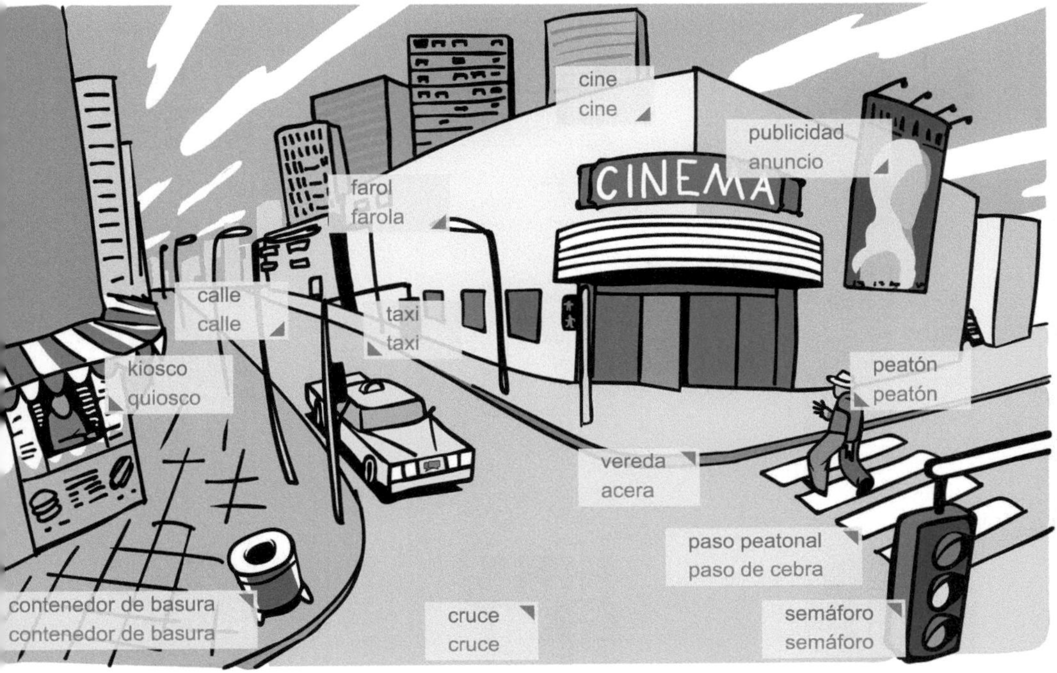

cine
cine

publicidad
anuncio

farol
farola

CINEMA

calle
calle

taxi
taxi

kiosco
quiosco

peatón
peatón

vereda
acera

paso peatonal
paso de cebra

contenedor de basura
contenedor de basura

cruce
cruce

semáforo
semáforo

cabaña
cabaña

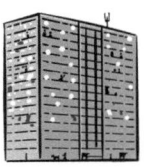

departamento
apartamento

estación de tren
estación de tren

municipalidad
ayuntamiento

museo
museo

colegio
escuela

universidad

universidad

banco

banco

hospital

hospital

hotel

hotel

farmacia

farmacia

oficina

oficina

librería

librería

negocio

tienda

florería

floristería

supermercado

supermercado

mercado

mercado

grandes tiendas

grandes almacenes

pescadería

pescadería

centro comercial

centro comercial

puerto

puerto

parque

parque

banco

banco

puente

puente

escaleras

escaleras

subte

metro

túnel

túnel

parada del colectivo

parada de autobús

bar

bar

restaurante

restaurante

buzón

buzón

letrero

poste indicador

parquímetro

parquímetro

zoológico

zoo

pileta

piscina

mezquita

mezquita

granja
granja

contaminación
contaminación

cementerio
cementerio

iglesia
iglesia

juegos infantiles
patio de juego

templo
templo

paisaje
paisaje

hoja
hoja

poste indicador
señal

camino
camino

pradera
prado

piedra
piedra

excursionista
excursionista

árbol
árbol

río
río

hierba
hierba

flor
flor

valle

valle

montaña

colina

lago

lago

bosque

bosque

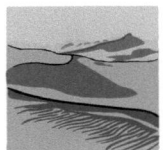

desierto

desierto

volcán

volcán

castillo

castillo

arco iris

arcoíris

champiñón

champiñón

palmera

palmera

mosquito

mosquito

mosca

mosca

hormiga

hormiga

abeja

abeja

araña

araña

escarabajo

escarabajo

rana

rana

ardilla

ardilla

erizo

erizo

liebre

liebre

lechuza

lechuza

pájaro

pájaro

cisne

cisne

jabalí

jabalí

ciervo

ciervo

alce

alce

presa

presa

aerogenerador

turbina eólica

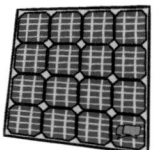

panel solar

panel solar

clima

clima

restaurante

restaurante

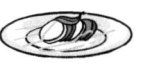

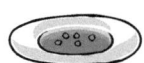

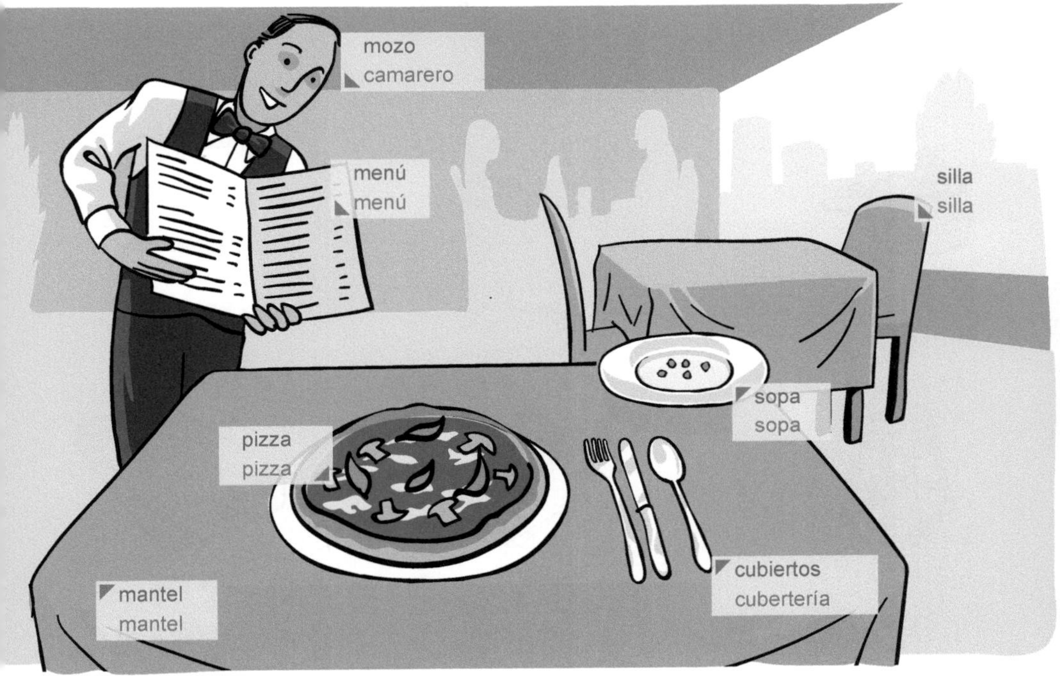

mozo
camarero
menú
menú
silla
silla
sopa
sopa
pizza
pizza
cubiertos
cubertería
mantel
mantel

entrada

primer plato

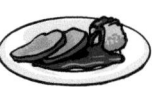

plato principal

plato principal

postre

postre

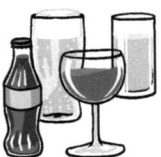

bebidas

bebidas

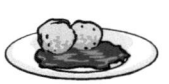

comida

comida

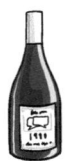

botella

botella

comida rápida

comida rápida

comida callejera

comida callejera

tetera

tetera

azucarera

azucarero

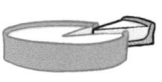

porción

porción

cafetera expreso

cafetera expreso

sillita alta

trona

cuenta

cuenta

bandeja

bandeja

cuchillo

cuchillo

tenedor

tenedor

cuchara

cuchara

cucharita

cucharilla

servilleta

servilleta

vaso

vaso

restaurante - restaurante

plato

plato

plato hondo

plato hondo

plato

platillo

salsa

salsa

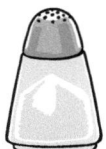

salero

salero

molinillo de pimienta

molinillo de pimienta

vinagre

vinagre

aceite

aceite

especias

especias

kétchup

ketchup

mostaza

mostaza

mayonesa

mayonesa

supermercado

supermercado

oferta especial
oferta especial
FOR
cliente
cliente
lácteos
lácteos
fruta
fruta
changuito
carro de la compra

BUTCHERS

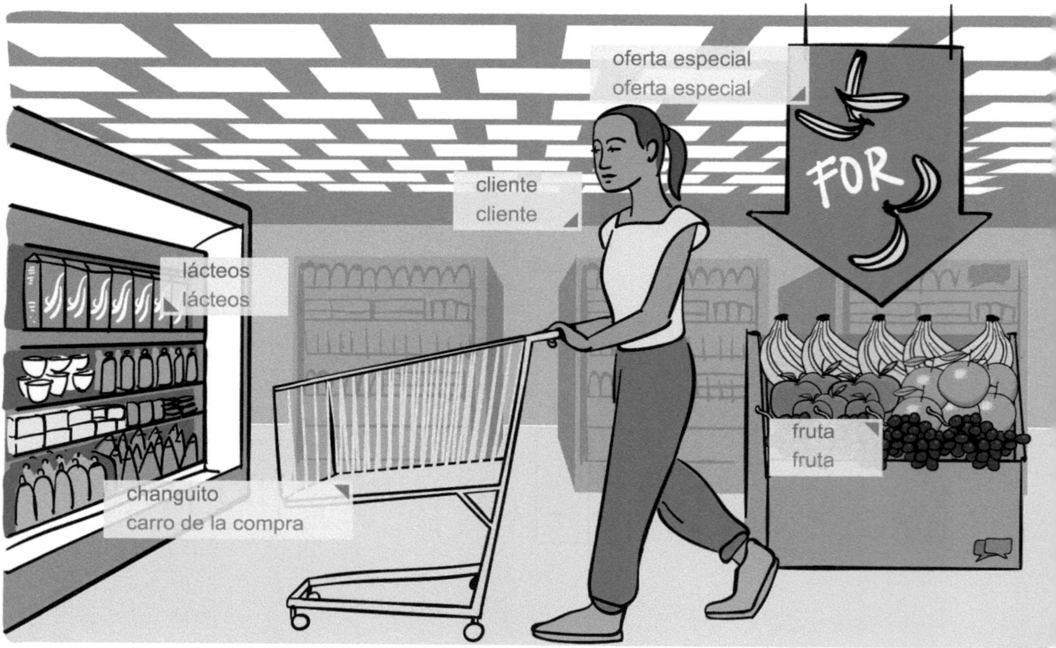

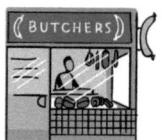

carnicería

carnicería

BAKERY

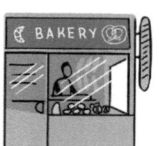

panadería

panadería

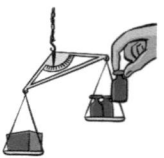

pesar

pesar

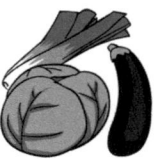

verduras

verduras

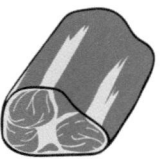

carne

carne

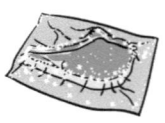

alimentos congelados

alimentos congelados

fiambres

fiambres

alimentos enlatados

conservas

detergente en polvo

detergente en polvo

golosinas

dulces

electrodomésticos

productos de uso doméstico

productos de limpieza

productos de limpieza

vendedora

vendedora

caja

caja

cajero

cajero

lista de compras

lista de la compra

horario de atención

horario de atención al público

billetera

cartera

tarjeta de crédito

tarjeta de crédito

cartera

bolsa

bolsa de plástico

bolsa de plástico

agua

agua

jugo

zumo

leche

leche

bebida cola

cola

vino

vino

cerveza

cerveza

alcohol

alcohol

cacao

cacao

té

té

café

café

café expreso

expreso

cappuccino

capuchino

banana

plátano

manzana

manzana

naranja

naranja

melón

melón

limón

limón

zanahoria

zanahoria

ajo

ajo

bambú

bambú

cebolla

cebolla

champiñón

champiñón

nueces

avellanas

fideos

fideos

tallarines
....
espagueti

arroz
....
arroz

ensalada
....
ensalada

papas fritas
....
patatas fritas

papas fritas
....
patatas fritas

pizza
....
pizza

hamburguesa
....
hamburguesa

sándwich
....
sándwich

churrasco
....
filete

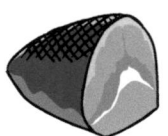

jamón
....
jamón

salame
....
salami

salchicha
....
salchicha

pollo
....
pollo

asado
....
asado

pescado
....
pescado

comida - comida

copos de avena

copos de avena

muesli

muesli

copos de maíz

copos de maíz

harina

harina

medialuna

cruasán

pancito

panecillo

pan

pan

tostada

tostada

galletitas

galletas

manteca

mantequilla

cuajada

cuajada

torta

pastel

huevo

huevo

huevo frito

huevo frito

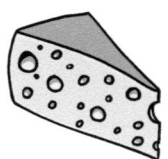

queso

queso

helado

helado

azúcar

azúcar

miel

miel

mermelada

mermelada

pasta de chocolate

crema de turrón

curry

curry

comida - comida

granja

granja

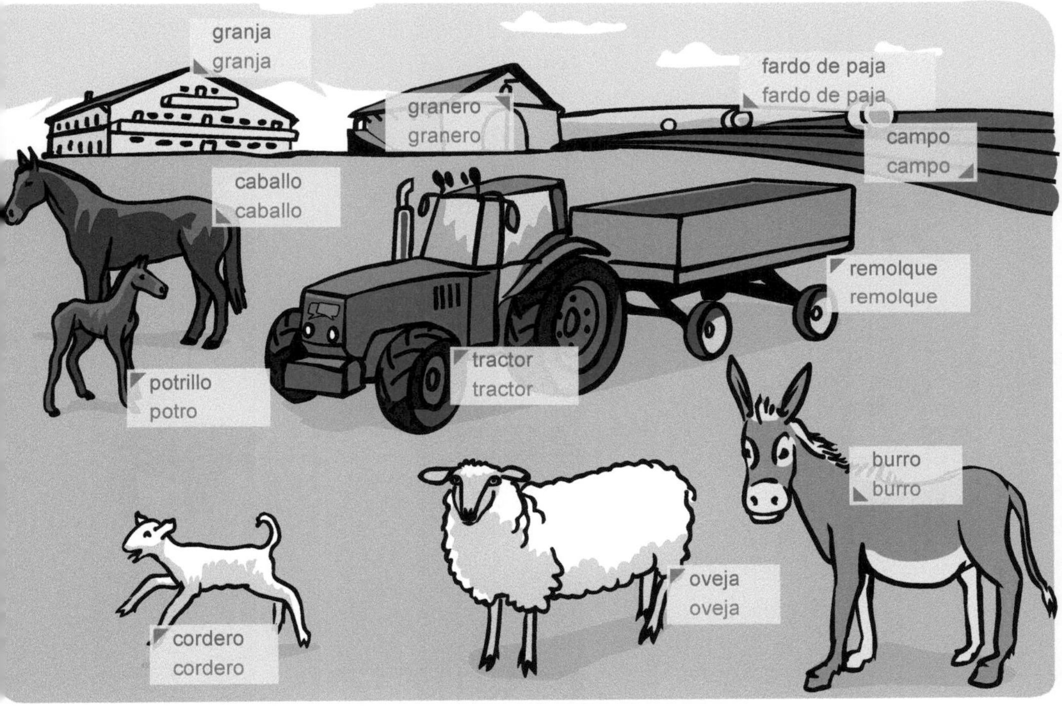
granja
granja
fardo de paja
fardo de paja
granero
granero
campo
campo
caballo
caballo
remolque
remolque
potrillo
potro
tractor
tractor
burro
burro
oveja
oveja
cordero
cordero

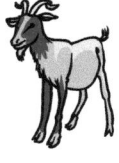

cabra

cabra

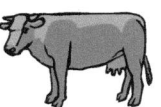

vaca

vaca

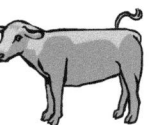

ternero

ternero

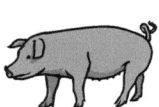

cerdo

cerdo

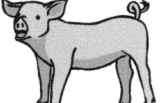

lechón

cerdito

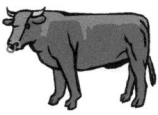

toro

toro

ganso

ganso

pato

pato

pollo

pollo

gallina

gallina

gallo

gallo

rata

rata

gato

gato

ratón

ratón

buey

buey

perro

perro

cucha

perrera

manguera

manguera

regadera

regadera

guadaña

guadaña

arado

arado

hoz

hoz

azada

azada

horquilla

horca

hacha

hacha

carretilla

carretilla

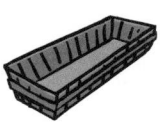

abrevadero

abrevadero

lechera

lechera

bolsa

saco

reja

valla

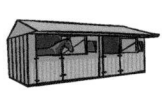

establo

establo

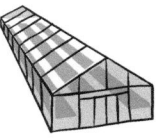

invernadero

invernadero

suelo

suelo

semilla

semilla

fertilizador

fertilizador

cosechadora

cosechadora

cosechar

cosechar

cosecha

cosecha

batatas

ñame

trigo

trigo

soja

soja

papa

patata

maíz

maíz

semilla de colza

semilla de colza

árbol frutal

árbol frutal

mandioca

mandioca

cereales

cereales

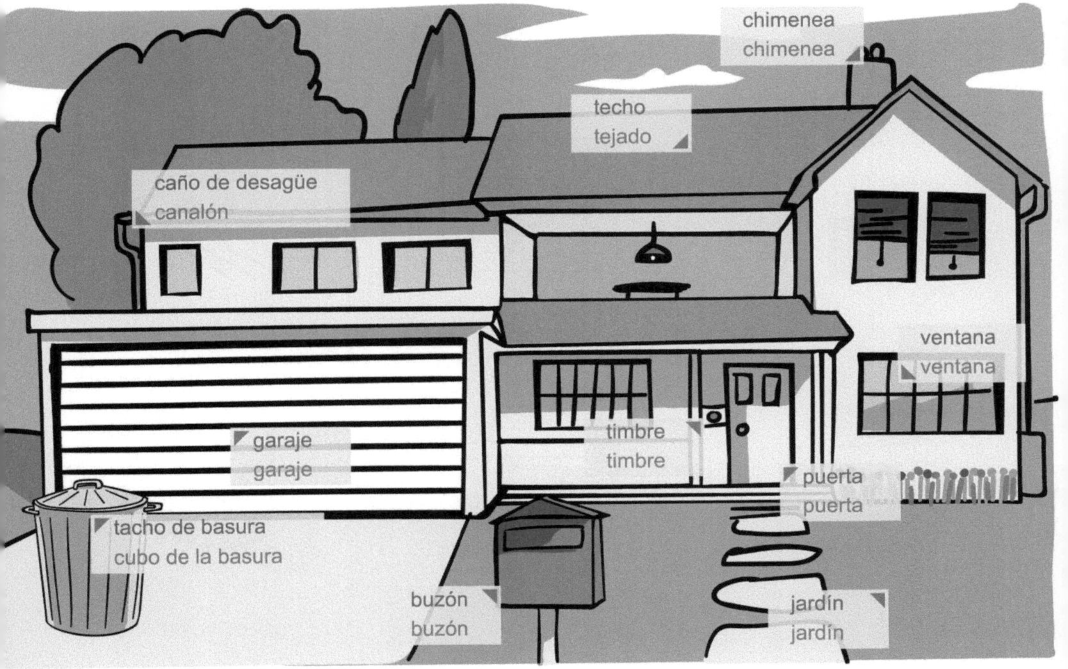

chimenea
chimenea

techo
tejado

caño de desagüe
canalón

ventana
ventana

garaje
garaje

timbre
timbre

puerta
puerta

tacho de basura
cubo de la basura

buzón
buzón

jardín
jardín

living
sala

baño
cuarto de baño

cocina
cocina

dormitorio
dormitorio

cuarto de los chicos
habitación de los niños

comedor
comedor

casa - casa

31

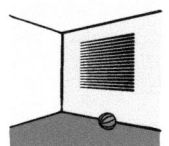

piso
suelo

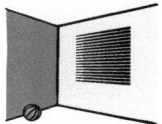

pared
pared

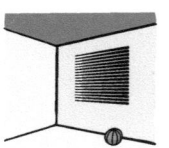

cielorraso
techo

sótano
sótano

sauna
sauna

balcón
balcón

terraza
terraza

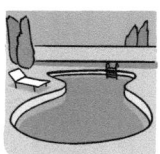

pileta
piscina

cortadora de pasto
cortacésped

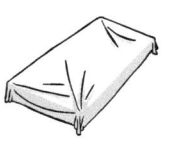

sábana
sábana

acolchado
colcha

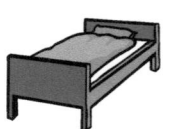

cama
cama

escoba
escoba

balde
balde

interruptor
interruptor

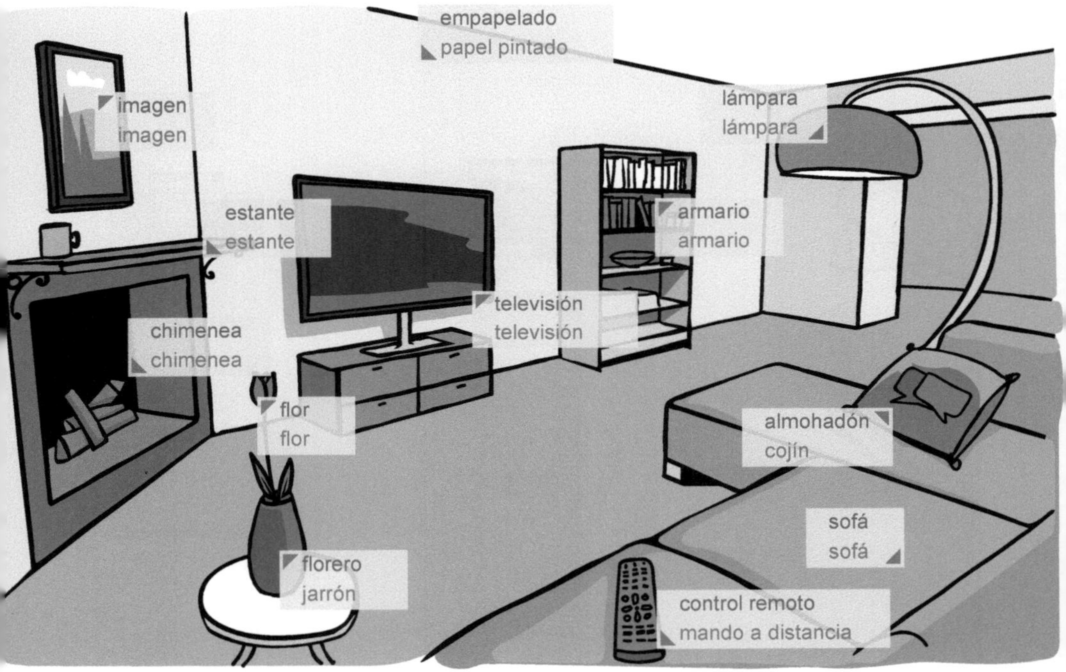

empapelado
papel pintado

imagen
imagen

lámpara
lámpara

estante
estante

armario
armario

chimenea
chimenea

televisión
televisión

flor
flor

almohadón
cojín

florero
jarrón

sofá
sofá

control remoto
mando a distancia

alfombra
alfombra

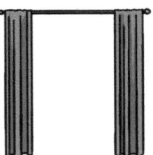

cortina
cortina

mesa
mesa

silla
silla

mecedora
mecedora

sillón
butaca

libro

libro

frazada

manta

decoración

decoración

leña

leña

película

película

equipo de música

equipo de música

llave

llave

diario

periódico

pintura

pintura

póster

póster

radio

radio

cuaderno

cuaderno

aspiradora

aspiradora

cactus

cactus

vela

vela

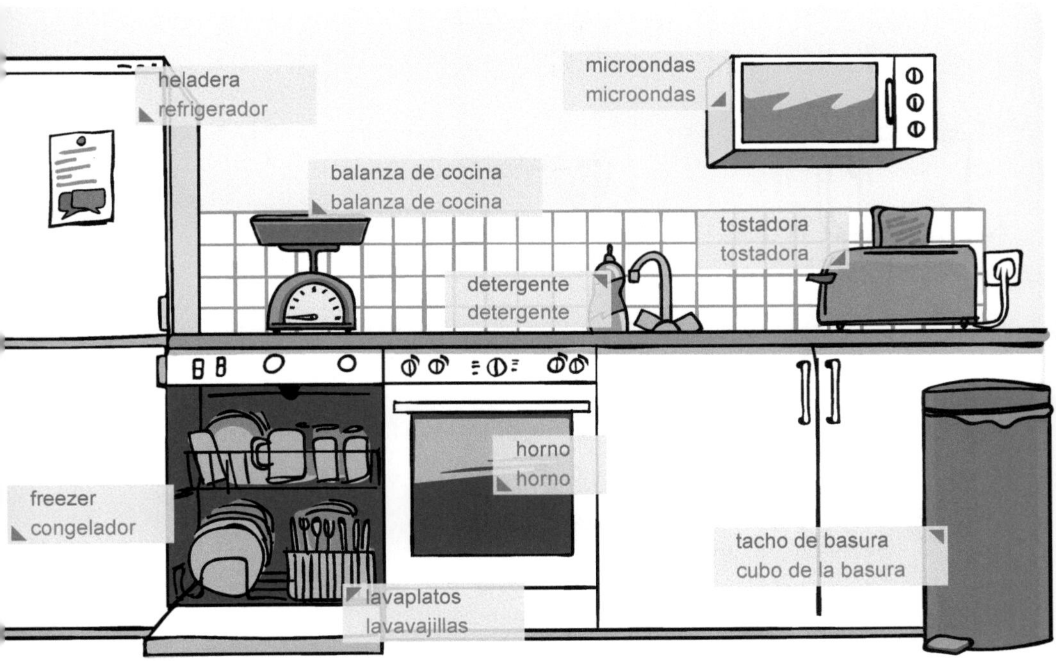

heladera
refrigerador

microondas
microondas

balanza de cocina
balanza de cocina

tostadora
tostadora

detergente
detergente

horno
horno

freezer
congelador

tacho de basura
cubo de la basura

lavaplatos
lavavajillas

cocina
olla a presión

olla
olla

olla de hierro fundido
olla de hierro fundido

wok
wok / karahi

sartén
cazuela

pava
hervidor

vaporera

vaporera

bandeja de horno

chapa de horno

vajilla

vajilla

taza

taza

bol

tazón

palitos

palillos

cucharón

cucharón

estpátula

espumadera

batidora

batidor

colador

colador

colador

cedazo

rallador

rallador

mortero

mortero

parrilla

barbacoa

fogata

hoguera

cocina - cocina

tabla de picar

tabla de picar

palo de amasar

rodillo

sacacorchos

sacacorchos

lata

lata

abrelatas

abrelatas

manopla

agarrador

pileta

lavabo

cepillo

cepillo

esponja

esponja

batidora

batidora

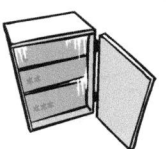

congelador

congelador

mamadera

biberón

canilla

grifo

baño
cuarto de baño

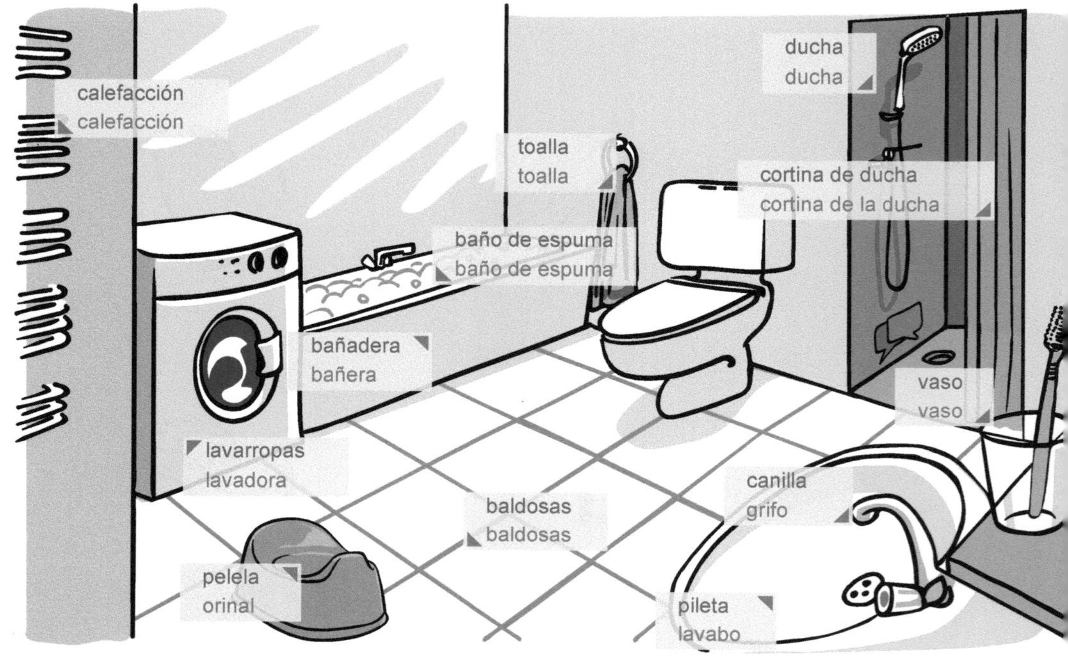
ducha
ducha
calefacción
calefacción
toalla
toalla
cortina de ducha
cortina de la ducha
baño de espuma
baño de espuma
bañadera
bañera
vaso
vaso
lavarropas
lavadora
canilla
grifo
baldosas
baldosas
pelela
orinal
pileta
lavabo

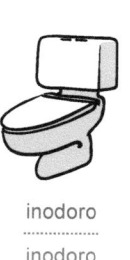

inodoro
inodoro

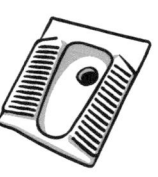

letrina
inodoro rústico

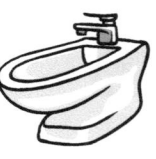

bidé
bidé

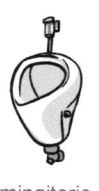

mingitorio
urinario

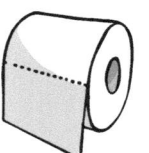

papel higiénico
papel higiénico

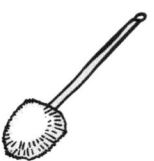

cepillo para el inodoro
escobilla del váter

cepillo de dientes

cepillo de dientes

dentífrico

pasta de dientes

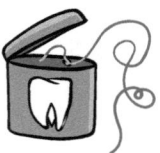

hilo dental

hilo dental

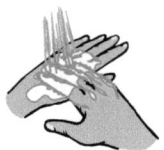

lavar

lavar

ducha de mano

ducha de mano

ducha higiénica

ducha íntima

palangana

pila

cepillo para espalda

cepillo de espalda

jabón

jabón

gel de ducha

gel de ducha

shampoo

champú

toallita

toallita

desagüe

desagüe

crema

crema

desodorante

desodorante

espejo

espejo

espejito

espejo de tocador

maquinita de afeitar

maquinilla de afeitar

espuma de afeitar

espuma de afeitar

aftershave

loción postafeitado

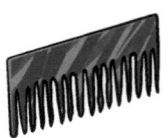

peine

peine

cepillo

cepillo

secador de pelo

secador

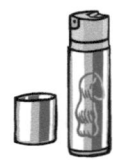

spray

laca

maquillaje

maquillaje

lápiz de labios

pintalabios

esmalte para uñas

pintauñas

algodón

algodón

tijera para uñas

cortauñas

perfume

perfume

portacosméticos

estuche de viaje

banqueta

banqueta

balanza

balanza

bata

albornoz

guantes de goma

guantes de goma

tampón

tampón

toallita femenina

compresa

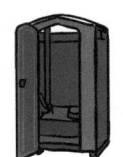

baño químico

inodoro químico

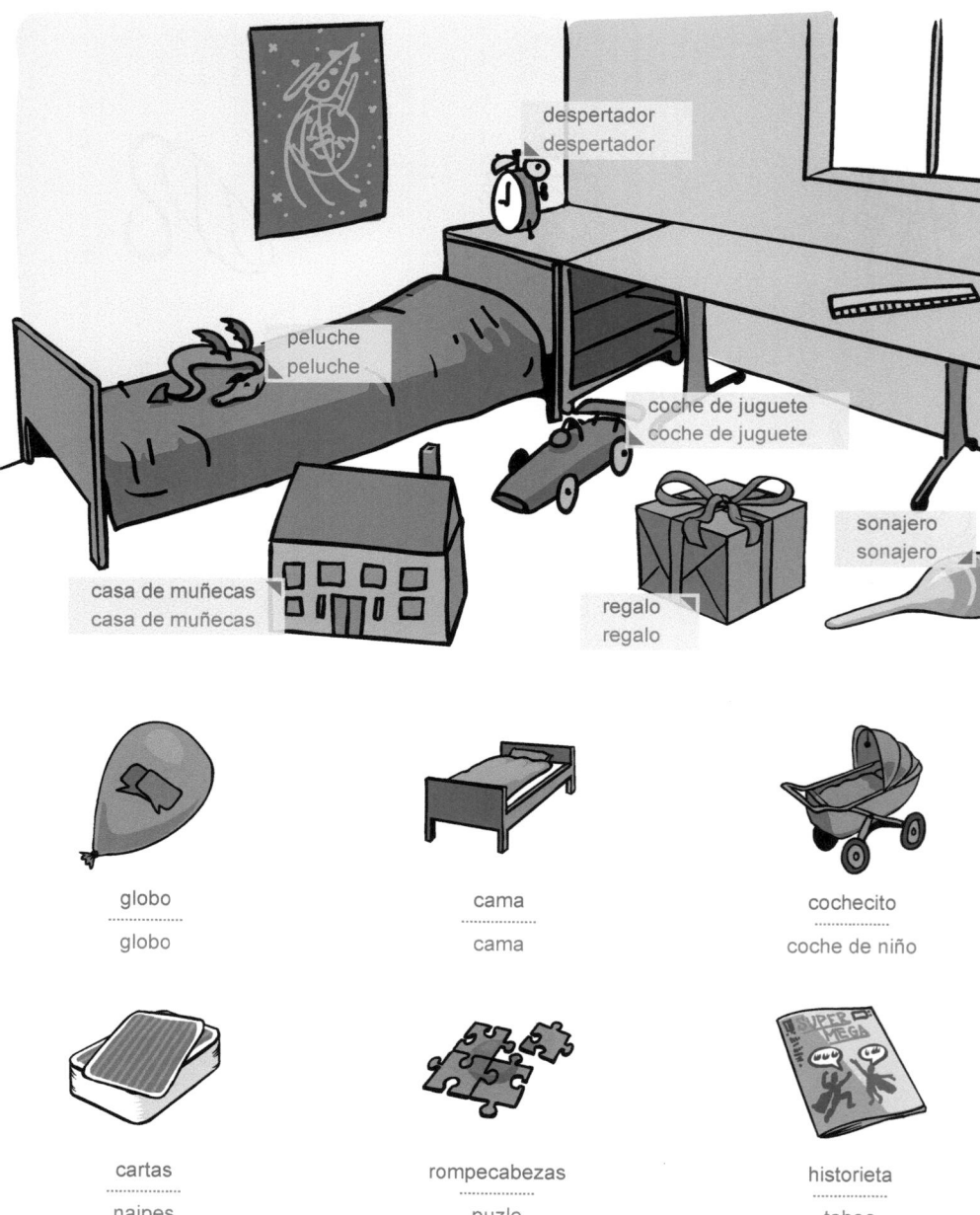

despertador
despertador

peluche
peluche

coche de juguete
coche de juguete

sonajero
sonajero

casa de muñecas
casa de muñecas

regalo
regalo

globo
globo

cama
cama

cochecito
coche de niño

cartas
naipes

rompecabezas
puzle

historieta
tebeo

piezas de lego

piezas de lego

ladrillos de juguete

bloques de juguete

figura de acción

figura de acción

enterito (de bebé)

bodi (de bebé)

frisbee

frisbee

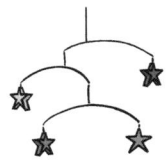

móvil para bebés

colgador móvil para bebés

juego de mesa

juego de mesa

dados

dados

tren eléctrico

circuito de tren eléctrico

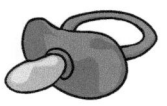

chupete

maniquí

fiesta

fiesta

libro de cuentos ilustrado

álbum de fotos

pelota

pelota

muñeca

muñeca

jugar

jugar

arenero

cajón de arena

hamaca

columpio

juguetes

juguetes

consola de videojuegos

videoconsola

triciclo

triciclo

osito de peluche

oso de peluche

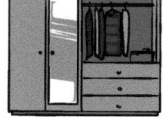

armario

guardarropa

ropa

ropa

medias

calcetines

medias panty

medias

calzas

leotardos

bufanda
bufanda

paraguas
paraguas

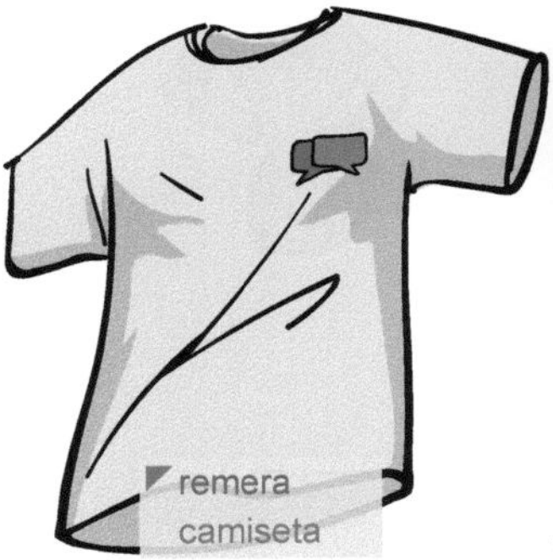

cinturón
cinturón

remera
camiseta

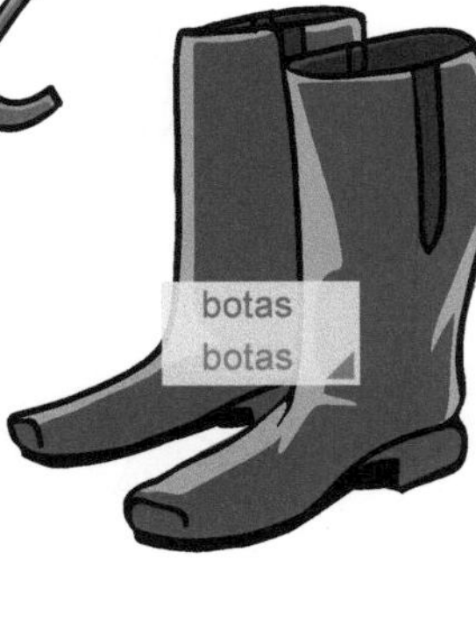

botas
botas

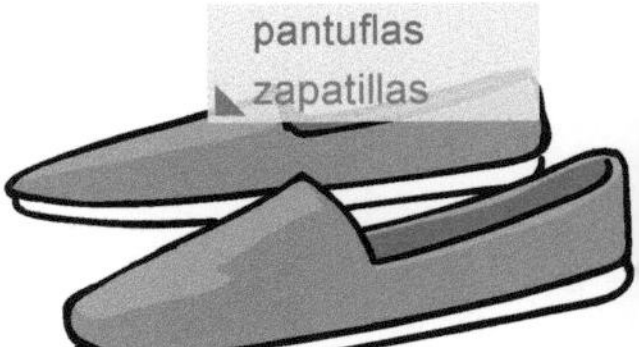

pantuflas
zapatillas

zapatillas
deportivas

sandalias
....
sandalias

zapatos
....
zapatos

botas de goma
....
botas de goma

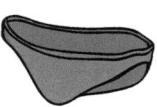

ropa interior
....
slip

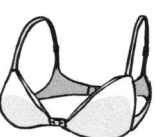

corpiño
....
sostén

chaleco
....
chaleco

body
bodi

pantalones
pantalones

jeans
vaqueros

pollera
falda

blusa
blusa

camisa
camisa

pulóver
jersey

buzo
suéter

blazer
blazer

campera
chaqueta

tapado
abrigo

piloto
gabardina

traje
traje

vestido
vestido

vestido de novia
vestido de novia

traje

traje

camisón

camisón

pijama

pijama

sari

sari

pañuelo para cabeza

bandana

turbante

turbante

burka

burka

caftán

caftán

abaya

abaya

traje de baño

traje de baño

short de baño

bañador

shorts

pantalones cortos

jogging

chándal

delantal

delantal

guantes

guantes

botón
botón

anteojos
gafas

pulsera
brazalete

collar
collar

anillo
anillo

aro
pendiente

gorra
gorra

percha
percha

sombrero
sombrero

corbata
corbata

cierre
cremallera

casco
casco

tiradores
tirantes

uniforme escolar
uniforme escolar

uniforme
uniforme

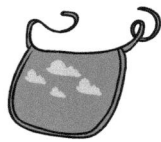

babero

babero

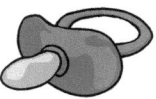

chupete

maniquí

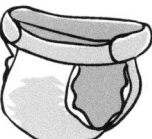

pañal

pañal

oficina

oficina

servidor
servidor
archivero
archivo
impresora
impresora
papel
papel
monitor
monitor
mouse
ratón
escritorio
escritorio
carpeta
carpeta
teclado
teclado
tacho (de basura)
papelera
computadora
ordenador
silla
silla

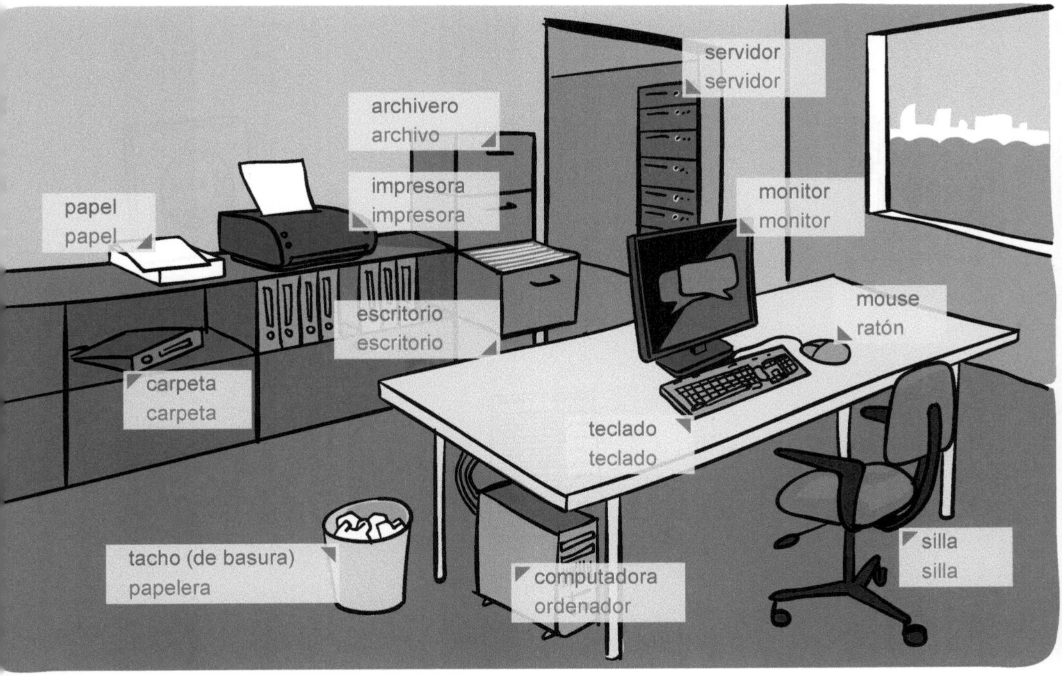

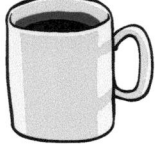

taza de café

taza de café

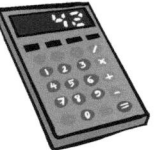

calculadora

calculadora

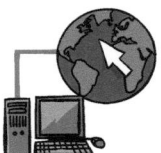

internet

internet

laptop

portátil

carta

carta

mensaje

mensaje

celular

móvil

red

red

fotocopiadora

fotocopiadora

software

software

teléfono

teléfono

tomacorriente

toma de corriente

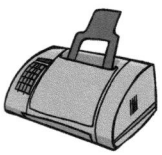

fax

fax

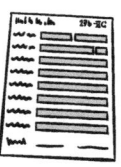

formulario

formulario

documento

documento

comprar
....
comprar

pagar
....
pagar

hacer negocios
....
comerciar

dinero
....
dinero

USD

dólar
....
dólar

EUR

euro
....
euro

JPY

yen
....
yen

RUB

rublo
....
rublo

CHF

franco suizo
....
franco suizo

CNY

yuan
....
renminbi yuan

INR

rupia
....
rupia

cajero automático
....
cajero automático

casa de cambio

oficina de cambio de divisas

oro

oro

plata

plata

petróleo

petróleo

energía

energía

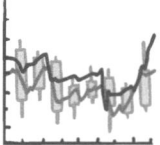

precio

precio

contrato

contrato

impuesto

impuesto

acción

acción

trabajar

trabajar

empleado

empleado

empleador

empleador

fábrica

fábrica

negocio

tienda

ocupaciones
oficios

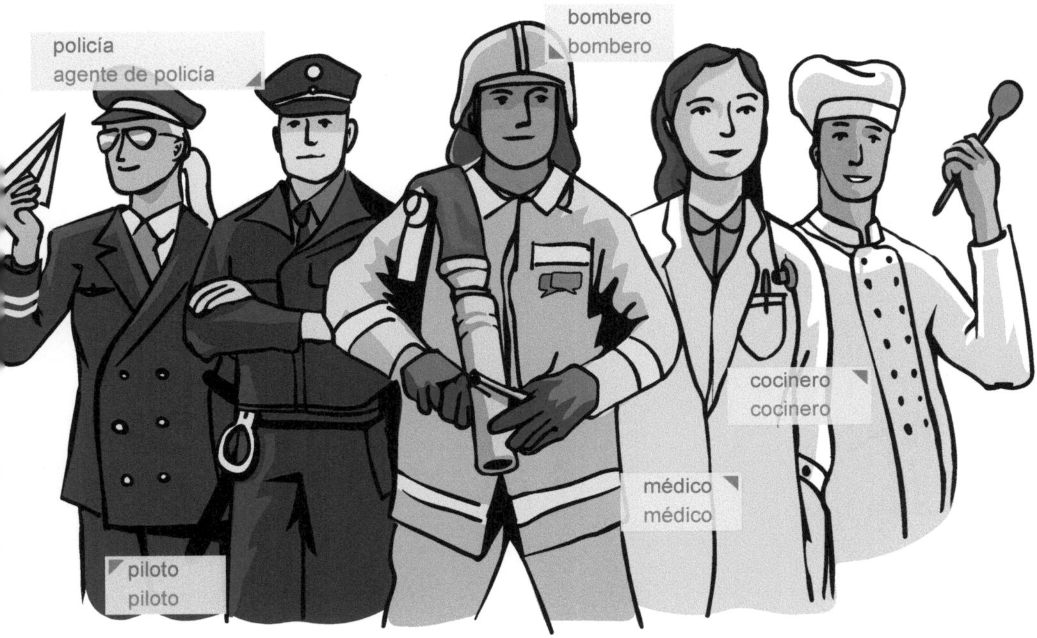

policía
agente de policía
bombero
bombero
cocinero
cocinero
médico
médico
piloto
piloto

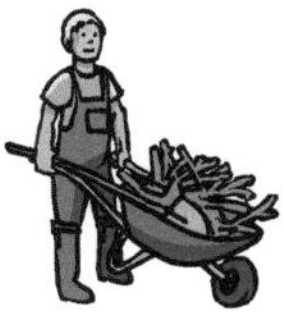

jardinero

jardinero

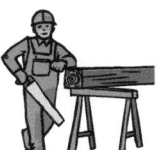

carpintero

carpintero

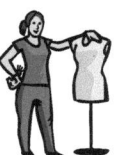

modista

costurera

juez

juez

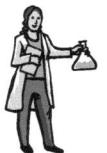

farmacéutico

farmacéutico

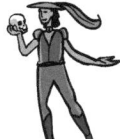

actor

actor

colectivero

conductor de autobús

taxista

taxista

pescador

pescador

mucama

señora de la limpieza

techista

techador

mozo

camarero

cazador

cazador

pintor

pintor

panadero

panadero

electricista

electricista

albañil

obrero

ingeniero

ingeniero

carnicero

carnicero

plomero

fontanero

cartero

cartero

soldado

soldado

arquitecto

arquitecto

cajero

cajero

florista

florista

peluquero

peluquero

cobrador

revisor

mecánico

mecánico

capitán

capitán

dentista

dentista

científico

científico

rabino

rabino

imán

imán

monje

monje

sacerdote

sacerdote

herramientas
herramientas

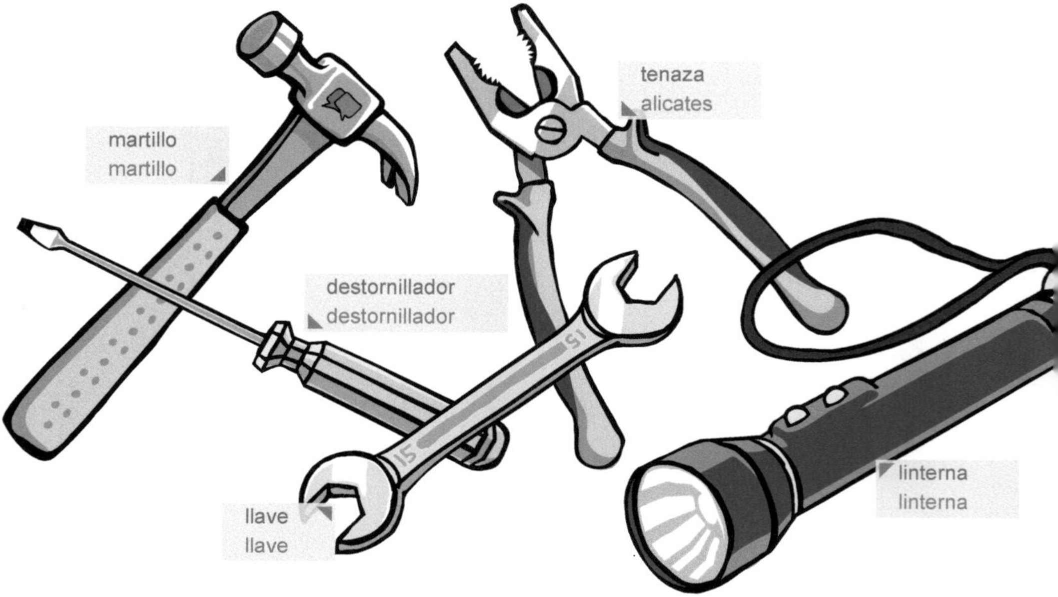
tenaza
alicates
martillo
martillo
destornillador
destornillador
linterna
linterna
llave
llave

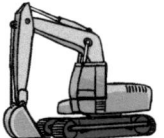

excavadora

excavadora

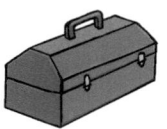

caja de herramientas

caja de herramientas

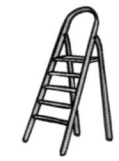

escalera portátil

escalera de mano

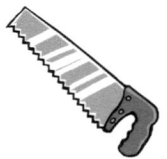

sierra

sierra

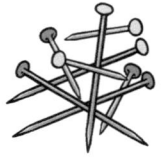

clavos

clavos

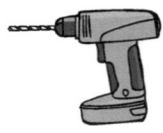

taladro

taladro

arreglar

reparar

pala de jardín

pala

¡Qué bronca!

¡Maldita sea!

pala de plástico

recogedor

tacho de pintura

bote de pintura

tornillos

tornillos

instrumentos musicales

instrumentos musicales

parlante
altavoz

batería
batería

guitarra
guitarra

contrabajo
contrabajo

trompeta
trompeta

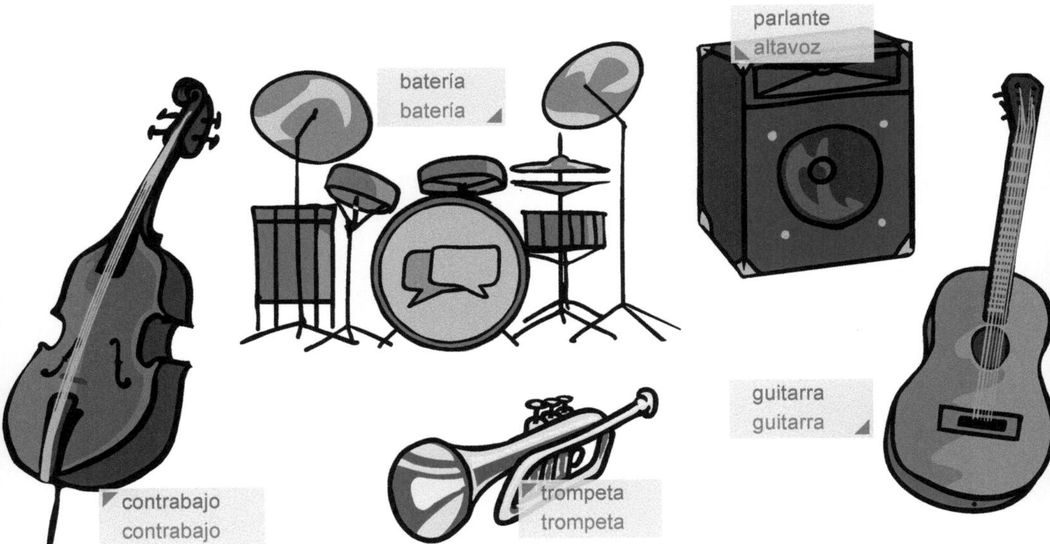

piano
piano

violín
violín

bajo
bajo

timbales
timbales

tambor
tambor

teclado
teclado

saxofón
saxofón

flauta
flauta

micrófono
micrófono

zoológico

zoo

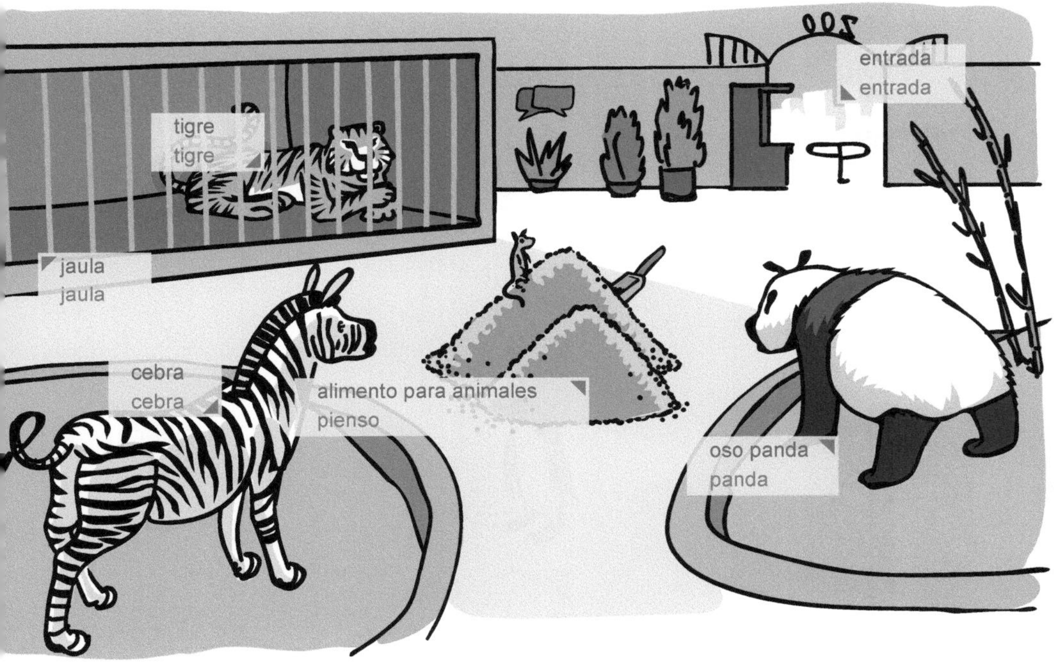

tigre
tigre
jaula
jaula
cebra
cebra
alimento para animales
pienso
oso panda
panda
entrada
entrada

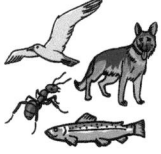

animales
animales

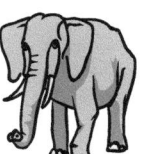

elefante
elefante

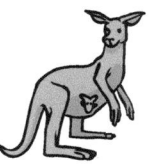

canguro
canguro

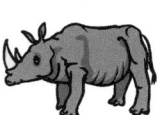

rinoceronte
rinoceronte

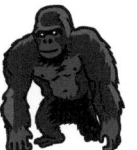

gorila
gorila

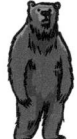

oso
oso

camello

camello

avestruz

avestruz

león

león

mono

mono

flamenco

flamingo

loro

loro

oso polar

oso polar

pingüino

pingüino

tiburón

tiburón

pavo real

pavo real

serpiente

serpiente

cocodrilo

cocodrilo

cuidador del zoológico

guardián de zoológico

foca

foca

jaguar

jaguar

poni

poni

leopardo

leopardo

hipopótamo

hipopótamo

jirafa

jirafa

águila

águila

jabalí

jabalí

pescado

pescado

tortuga

tortuga

morsa

morsa

zorro

zorro

gacela

gacela

zoológico - zoo

deportes

fútbol americano
fútbol americano

ciclismo
ciclismo

tenis
tenis

básquet
baloncesto

natación
natación

boxeo
boxeo

hockey sobre hielo
hockey sobre hielo

fútbol
fútbol

bádminton
bádminton

atletismo
atletismo

handball
balonmano

esquí
esquí

polo
polo

actividades
actividades

saltar
saltar
abrazar
abrazar
reír
reír
caminar
caminar
cantar
cantar
soñar
soñar
rezar
rezar
besar
besar

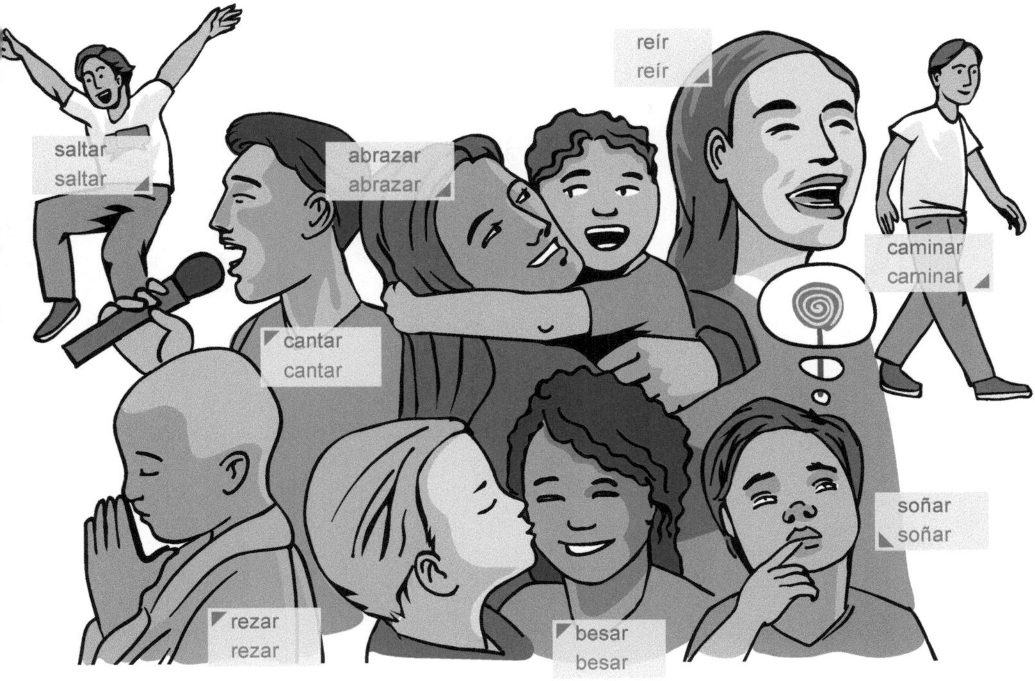

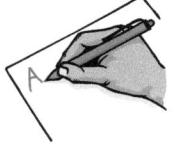

escribir
escribir

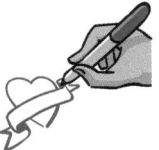

dibujar
dibujar

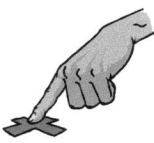

mostrar
mostrar

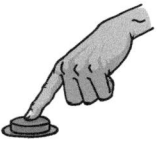

presionar
empujar

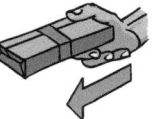

dar
dar

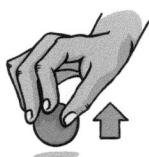

tomar
tomar

tener

tener

hacer

hacer

ser

ser

estar parado

estar de pie

correr

correr

tirar

tirar

tirar

tirar

caer

caer

estar acostado

yacer

esperar

esperar

llevar

llevar

estar sentado

estar sentado

vestirse

vestirse

dormir

dormir

despertar

despertar

mirar

mirar

llorar

llorar

acariciar

acariciar

peinar

peinar

hablar

hablar

entender

entender

preguntar

preguntar

escuchar

escuchar

beber

beber

comer

comer

ordenar

ordenar

amar

amar

cocinar

cocinar

manejar

conducir

volar

volar

navegar

navegar

calcular

calcular

leer

leer

aprender

aprender

trabajar

trabajar

casarse

casarse

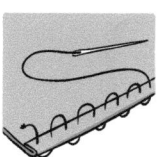

coser

coser

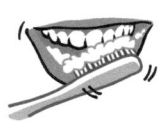

cepillarse los dientes

cepillarse los dientes

matar

matar

fumar

fumar

enviar

enviar

actividades - actividades

abuela
abuela

abuelo
abuelo

padre
padre

madre
madre

bebé
bebé

hija
hija

hijo
hijo

invitado

invitado

tía

tía

tío

tío

hermano

hermano

hermana

hermana

cuerpo

cuerpo

frente
frente
ojo
ojo
cara
cara
pera
barbilla
pecho
pecho
dedo
dedo
mano
mano
brazo
brazo
hombro
hombro
pierna
pierna

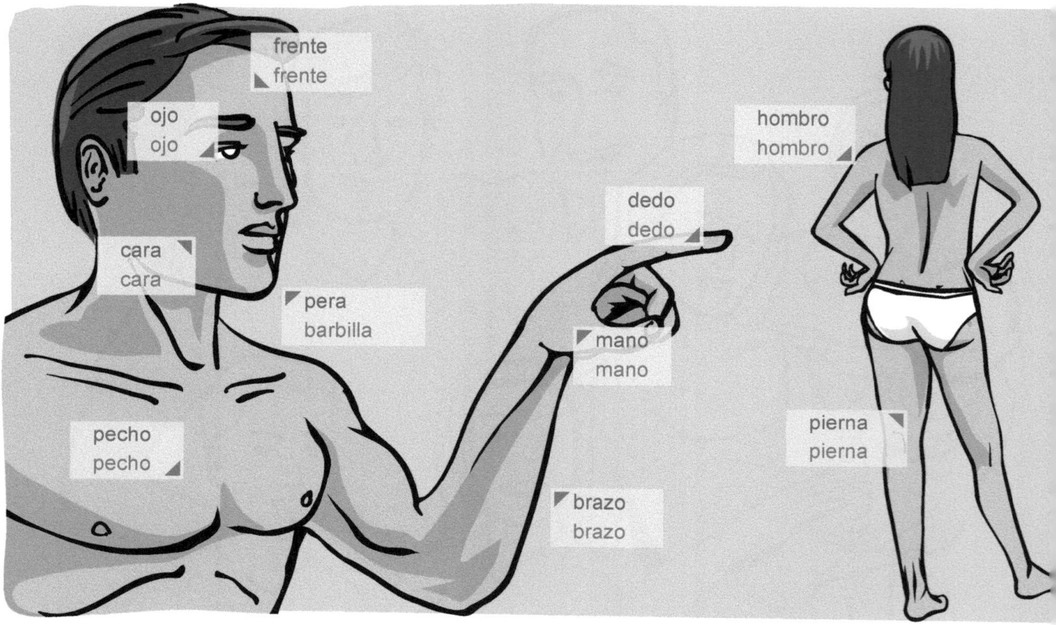

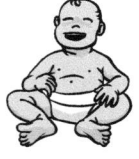

bebé
bebé

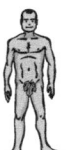

hombre
hombre

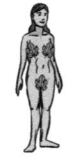

mujer
mujer

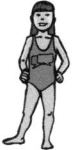

nena
chica

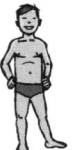

nene
chico

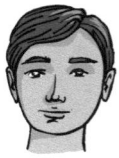

cabeza
cabeza

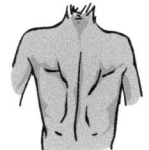

espalda

espalda

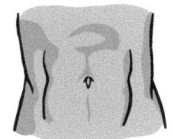

panza

vientre

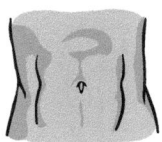

ombligo

ombligo

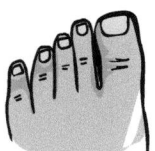

dedo del pie

dedo del pie

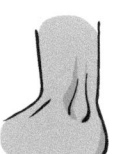

talón

talón

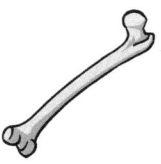

hueso

hueso

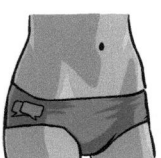

cadera

cadera

rodilla

rodilla

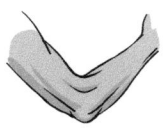

codo

codo

nariz

nariz

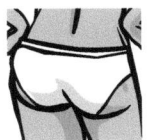

cola

trasero

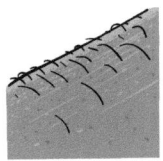

piel

piel

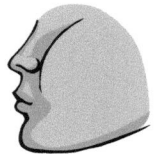

cachete

mejilla

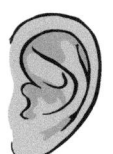

oreja

oído

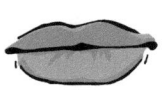

labio

labio

boca
boca

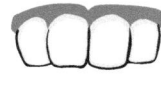

diente
diente

lengua
lengua

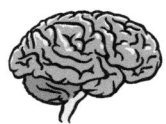

cerebro
cerebro

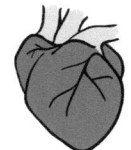

corazón
corazón

músculo
músculo

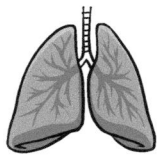

pulmón
pulmón

hígado
hígado

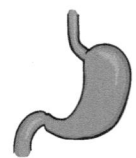

estómago
estómago

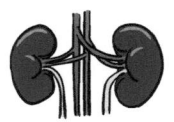

riñones
riñones

sexo
sexo

preservativo
condón

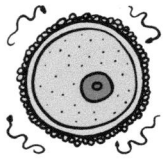

óvulo
ovario

semen
semen

embarazo
embarazo

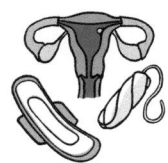

menstruación
menstruación

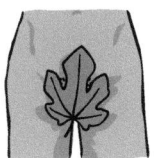

vagina
vagina

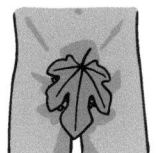

pene
pene

ceja
ceja

pelo
pelo

cuello
cuello

cuerpo - cuerpo

hospital
hospital

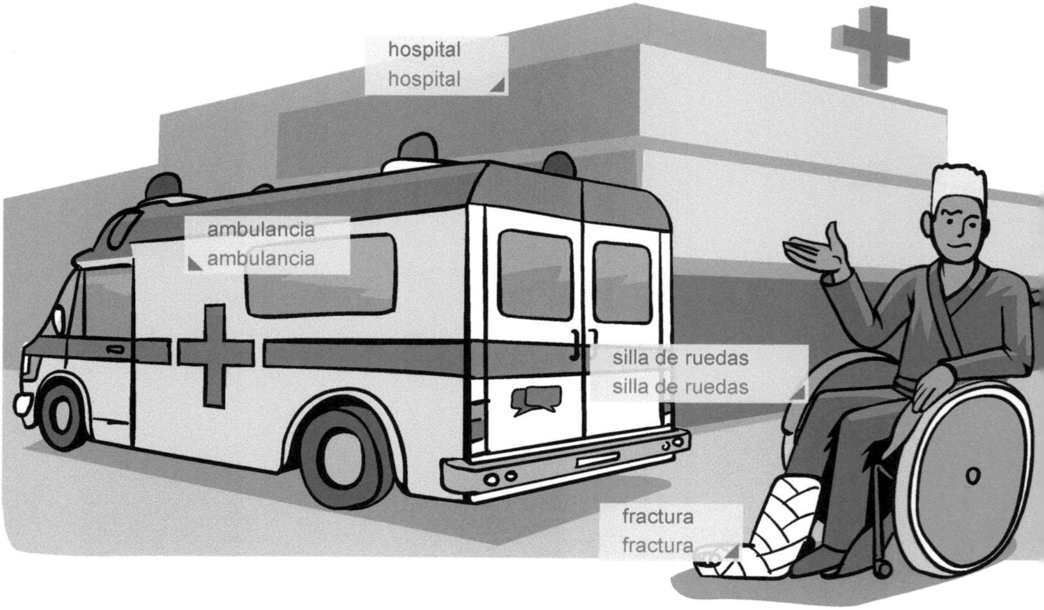

hospital
hospital
ambulancia
ambulancia
silla de ruedas
silla de ruedas
fractura
fractura

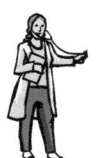

médico

médico

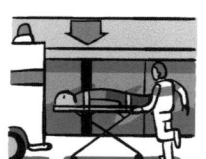

sala de guardia

sala de urgencias

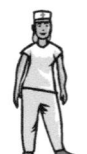

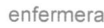

enfermera

enfermera

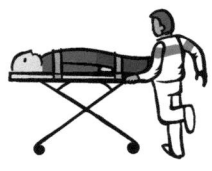

emergencia

urgencia

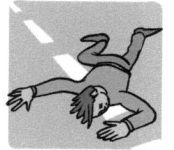

inconsciente

inconsciente

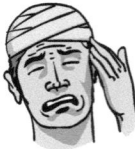

dolor

dolor

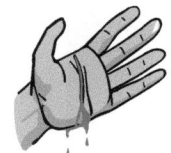

lesión

lesión

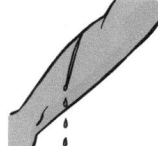

hemorragia

hemorragia

infarto

infarto

ACV

ictus

alergia

alergia

tos

tos

fiebre

fiebre

gripe

gripe

diarrea

diarrea

dolor de cabeza

dolor de cabeza

cáncer

cáncer

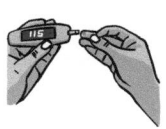

diabetes

diabetes

cirujano

cirujano

bisturí

bisturí

operación

operación

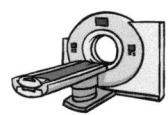

TC
TAC

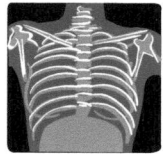

rayos x
rayos x

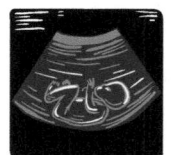

ecografía
ultrasonido

barbijo
mascarilla

enfermedad
enfermedad

sala de espera
sala de espera

muleta
muleta

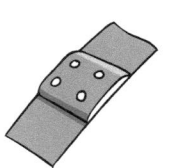

curita
tirita

venda
venda

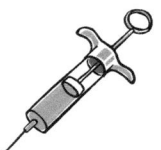

inyección
inyección

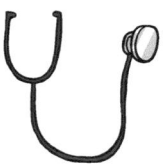

estetoscopio
estetoscopio

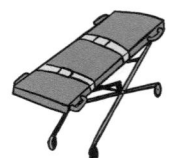

camilla
camilla

termómetro
termómetro

nacimiento
nacimiento

sobrepeso
sobrepeso

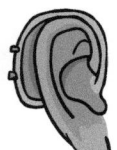

audífono
audífono

desinfectante
desinfectante

infección
infección

virus
virus

VIH / SIDA
VIH / SIDA

remedio
medicina

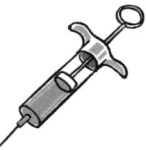

vacunación
vacunación

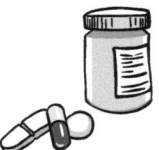

comprimidos
tabletas

pastilla anticonceptiva
pastilla

llamada de emergencia
llamada de urgencia

tensiómetro
tensiómetro

enfermo / sano
enfermo / sano

¡Ayuda!

¡Socorro!

alarma

alarma

agresión

asalto

ataque

ataque

peligro

peligro

salida de emergencia

salida de emergencia

¡Fuego!

¡Fuego!

matafuego

extintor de incendios

accidente

accidente

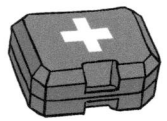

botiquín de primeros auxilios

botiquín de primeros auxilios

SOS

SOS

policía

policía

Europa

Europa

América del Norte

Norteamérica

América del Sur

Sudamérica

África

África

Asia

Asia

Australia

Australia

Atlántico

Atlántico

Pacífico

Pacífico

Océano Índico

Océano Índico

Océano Antártico

Océano Antártico

Océano Ártico

Océano Ártico

polo norte

polo norte

polo sur

polo sur

Antártida

Antártida

Tierra

tierra

tierra

tierra

mar

mar

isla

isla

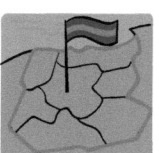

nación

nación

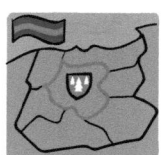

estado

estado

esfera

esfera

manecilla de las horas

manecilla de las horas

minutero

minutero

segundero

segundero

¿Qué hora es?

¿Qué hora es?

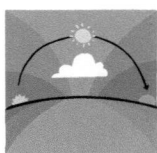

día

día

hora

tiempo

ahora

ahora

reloj digital

reloj digital

minuto

minuto

hora

hora

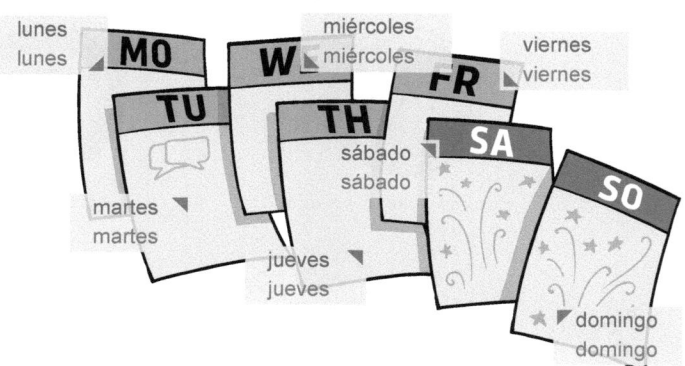

lunes
lunes
miércoles
miércoles
viernes
viernes
martes
martes
jueves
jueves
sábado
sábado
domingo
domingo

ayer
ayer

hoy
hoy

mañana
mañana

mañana
mañana

mediodía
mediodía

tarde
tarde

MO	TU	WE	TH	FR	SA	SU
1	2	3	4	5	6	7
8	9	10	11	12	13	14
15	16	17	18	19	20	21
22	23	24	25	26	27	28
29	30	31	1	2	3	4

días hábiles
días laborables

MO	TU	WE	TH	FR	SA	SU
1	2	3	4	5	6	7
8	9	10	11	12	13	14
15	16	17	18	19	20	21
22	23	24	25	26	27	28
29	30	31	1	2	3	4

fin de semana
fin de semana

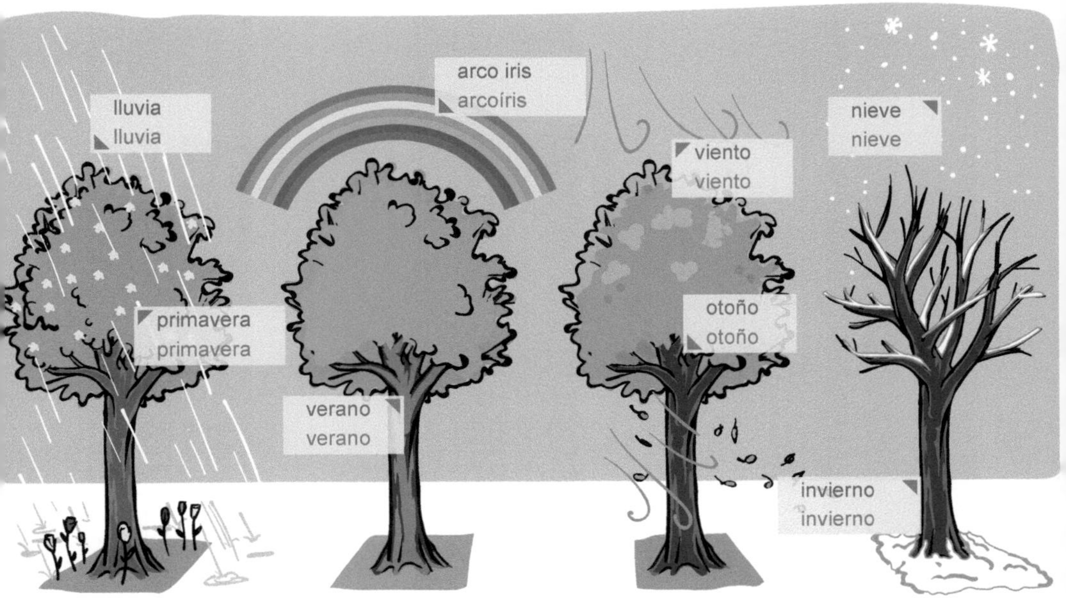

lluvia
lluvia
arco iris
arcoíris
viento
viento
nieve
nieve
primavera
primavera
otoño
otoño
verano
verano
invierno
invierno

4.APRIL 11°
5.APRIL 4°
6.APRIL 13°
7.APRIL 8°
8.APRIL 10°

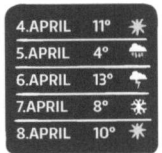

pronóstico meteorológico

pronóstico del tiempo

F
C
120
90
60
30
0
-30
40
30
20
10
0
-10
-20

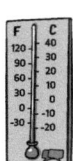

termómetro

termómetro

luz del sol

sol

nube

nube

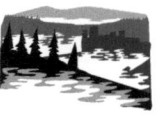

niebla

niebla

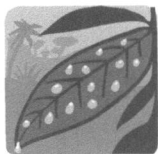

humedad

humedad

rayo

rayo

trueno

trueno

tormenta

tormenta

granizo

granizo

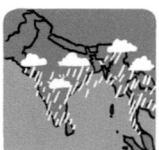

monzón

monzón

inundación

inundación

hielo

hielo

enero

enero

febrero

febrero

marzo

marzo

abril

abril

mayo

mayo

junio

junio

julio

julio

agosto

agosto

año - año

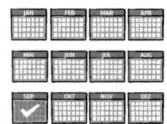

septiembre
....
septiembre

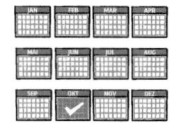

octubre
....
octubre

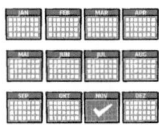

noviembre
....
noviembre

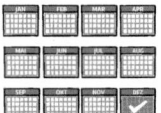

diciembre
....
diciembre

formas
formas

círculo
....
círculo

cuadrado
....
cuadrado

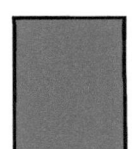

rectángulo
....
rectángulo

triángulo
....
triángulo

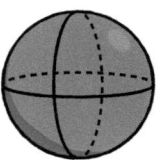

esfera
....
esfera

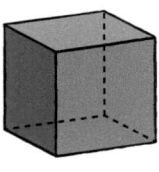

cubo
....
cubo

blanco

blanco

amarillo

amarillo

naranja

anaranjado

rosa

rosa

rojo

rojo

violeta

morado

azul

azul

verde

verde

marrón

marrón

gris

gris

negro

negro

mucho / poco

mucho / poco

enojado / tranquilo

enojado / tranquilo

lindo / feo

bonito / feo

principio / fin

principio / fin

grande / chico

grande / pequeño

claro / oscuro

claro / oscuro

hermano / hermana

hermano / hermana

limpio / sucio

limpio / sucio

completo / incompleto

completo / incompleto

día / noche

día / noche

muerto / vivo

muerto / vivo

ancho / angosto

ancho / estrecho

comestible / no comestible

comestible / no comestible

malo / amable

malo / amable

entusiasmado / aburrido

entusiasmado / aburrido

gordo / flaco

gordo / delgado

primero / último

primero / último

amigo / enemigo

amigo / enemigo

lleno / vacío

lleno / vacío

duro / blando

duro / blando

pesado / liviano

pesado / ligero

hambre / sed

hambre / sed

enfermo / sano

enfermo / sano

ilegal / legal

ilegal / legal

inteligente / estúpido

inteligente / tonto

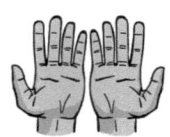

izquierda / derecha

izquierda / derecha

cerca / lejos

cerca / lejos

nuevo / usado

nuevo / usado

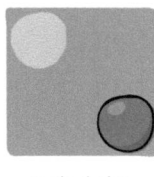

nada / algo

nada / algo

viejo / joven

viejo / joven

encendido / apagado

encendido / apagado

abierto / cerrado

abierto / cerrado

silencioso / ruidoso

silencioso / ruidoso

rico / pobre

rico / pobre

correcto / incorrecto

correcto / incorrecto

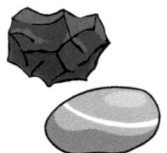

áspero / suave

áspero / suave

triste / contento

triste / contento

corto / largo

corto / largo

lento / rápido

lento / rápido

mojado / seco

húmedo / seco

caliente / frío

cálido / frío

guerra / paz

guerra / paz

números

0

cero
cero

1

uno
uno

2

dos
dos

3

tres
tres

4

cuatro
cuatro

5

cinco
cinco

6

seis
seis

7

siete
siete

8

ocho
ocho

9

nueve
nueve

10

diez
diez

11

once
once

12
doce

doce

13
trece

trece

14
catorce

catorce

15
quince

quince

16
dieciséis

dieciséis

17
diecisiete

diecisiete

18
dieciocho

dieciocho

19
diecinueve

diecinueve

20
veinte

veinte

100
cien

cien

1.000
mil

mil

1.000.000
millón

millón

inglés
inglés

inglés americano
inglés americano

chino mandarín
chino mandarín

hindi
hindi

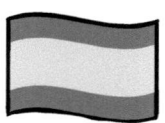

español
español

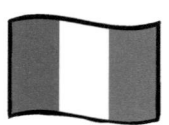

francés
francés

árabe
árabe

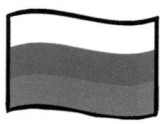

ruso
ruso

portugués
portugués

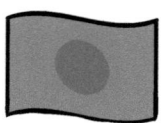

bengalí
bengalí

alemán
alemán

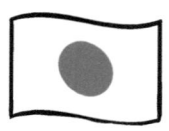

japonés
japonés

yo

yo

vos

tú

él / ella

él / ella / ello

nosotros

nosotros/as

ustedes

vosotros/as

ellos

ellos/as

¿quién?

¿quién?

¿qué?

¿qué?

¿cómo?

¿cómo?

¿dónde?

¿dónde?

¿cuándo?

¿cuándo?

nombre

nombre

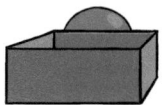

detrás
....
detrás

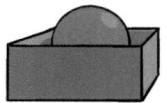

en
....
en

adelante de
....
delante de

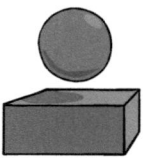

por encima de
....
por encima de

sobre
....
sobre

debajo de
....
debajo de

al lado de
....
junto a

entre
....
entre

lugar
....
lugar